INFORMATICA PARA TODOS

SEGUNDO GRADO

CONOZCAMOS LA COMPUTADORA

NOLVIN C. GARCIA

Saludos

Bienvenido

En este libro de "Informática para Todos", y, ya que es nuestro segundo grado, aprenderemos acerca de "La computadora".
Como hemos de saber, iremos avanzando poco a poco en este fantástico mundo de la informática, por lo tanto, estoy seguro que cada nivel será de mucho provecho para el aprendizaje.

Imploro a usted padre. madre, tutor o profesor, leer lentamente y explicar el contenido de manera que el alumno pueda digerirlo de manera completa. Como hemos de saber la ciencia de la informática ,e s una ciencia que aunque reciente es bastante amplia en contenido , por lo que para adquirir un conocimiento adecuado es necesario dividir , subdividir , ampliar , ampliar y abstraer ciertos temas y contenidos que deberán ir de los más básicos a los mas complejos , siendo este el rumbo de los libros **INFORMATICA PARA TODOS**, el cual está dividido en una serie de volúmenes que buscan nutrir de información adecuada y conocimientos esenciales en los estudiantes.

Si bien los temas presentados en este libro, se ha resumido para hacerlos mas digeribles por tratarse de un aprendizaje por niveles educativos, ruego al padre, tutor o docente, reforzar los mismos con recursos visuales y explicaciones detalladas, investigaciones y recordatorios para que nuestros educandos puedan alcanzar de la manera mas satisfactoria el aprendizaje esperado.

Un agradecimiento fervoroso a usted querido lector, que se esfuerza por transmitir el conocimiento y espero proporcionar material que sea una herramienta esencial en su tarea maravillosa de educar.
Éxitos en su loable labor.

CONTENIDO

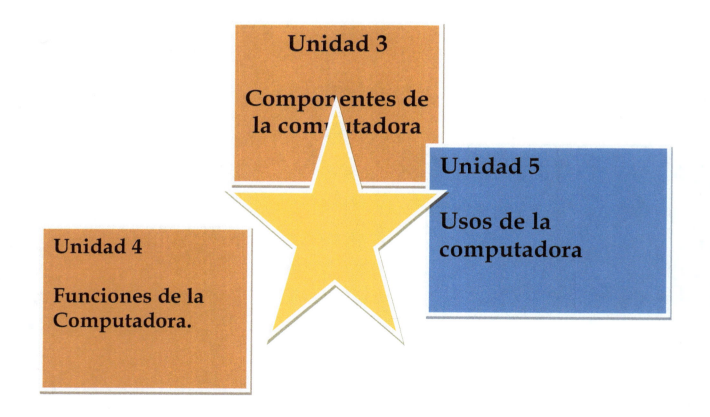

Unidad 1
Historia de la computadora

Unidad 2

Tipos de computadoras

Unidad 3

Componentes de la computadora

Unidad 5

Usos de la computadora

Unidad 4

Funciones de la Computadora.

UNIDAD 1

HISTORIA DE LA COMPUTADORA

La historia de la computadora según (Cerritos, 2002), comienza como se sabe, con el ábaco en el Medio Oriente y de ahí se da un salto a la máquina de cálculo de Schickard en el Actualización 177 edigraphic.com siglo XVI y le siguió la de Pascal con su 'pascalina' que sólo sumaba y restaba, Leibnitz la retomó y la mejoró. Luego en el siglo XIX, Babbage profesor de matemáticas de la Universidad de Cambridge, inspirado por el francés Jacquard, creador de las tarjetas perforadas que tenían aplicación en los telares de la época, utilizando un dispositivo llamado 'lectora automática de tarjetas', creó su 'máquina de diferencias'; a Babbage se le considera como 'el padre de las computadoras', él creó la 'máquina analítica' que funcionaba como una verdadera computadora al ejecutar la toma de decisiones para lograr resultados de manera automática, utilizando, precisamente, las tarjetas perforadas. En ese tiempo, Babbage carecía de recursos para materializar cientos de genialidades que se le ocurrían, pero uno de los principales apoyos que recibió, corrió a cargo de una matemática aficionada, que luego se haría una estupenda 'programadora',

fuente: https://www.info-computer.com/blog/cuando-se-invento-el-primer-ordenador.html

llamada Ada Augusta Lovelace, Lay Lovelace, hija del poeta Lord Byron, a ella también puede considerársele, 'la madre de las computadoras'. En Norteamérica, a finales del siglo XVIII, surgió la necesidad de procesar el censo de finales de siglo y es Herman Hollerit el encargado de hacer funcionar exitosamente la máquina que efectuaría los cálculos correspondientes (con una efectividad mayor a la mostrada en el más reciente ejercicio electoral de aquel país). Con tal éxito, Herman Hollerit fundó una compañía que hoy todo mundo conoce, la IBM. Aparece despúes el fantasma de la guerra y con ello, la necesidad de hacer miles de cálculos balísticos con exacta precisión; la Marina estadounidense encarga a la propia IBM y a la Universidad de Harvard crear tal máquina y aparece en la historia la MARK I. El ejército de aquel país encarga también la fabricación de otra muy famosa y poderosa computadora, surge la ENIAC, que puede hacer 500 multiplicaciones por segundo (!), (hoy en día, las computadoras realizan millones de operaciones por segundo).

Como hemos leído, la computadora hoy por hoy, es un invento que ha evolucionado con el tiempo y de esta forma se adapta a las necesidades sociales.

La invención de la computadora, por lo tanto, sucedió por la necesidad de resolver algunos problemas y desarrollar actividades en el menor tiempo posible.

Es muy probable que la computadora aun siga teniendo cambios

Actividad de aprendizaje

A continuación, se te brinda una serie de preguntas que deberás relacionar con las imágenes que se muestran:

Invento de cálculo utilizado antes de la computadora.
Se le considera el Padre de las Computadoras.
Invento la Pascalina
Se le considera la madre de las computadoras.
Fundó una compañía que hoy todo mundo conoce, la IBM.

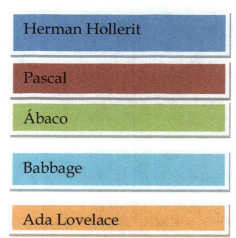

Colorea:

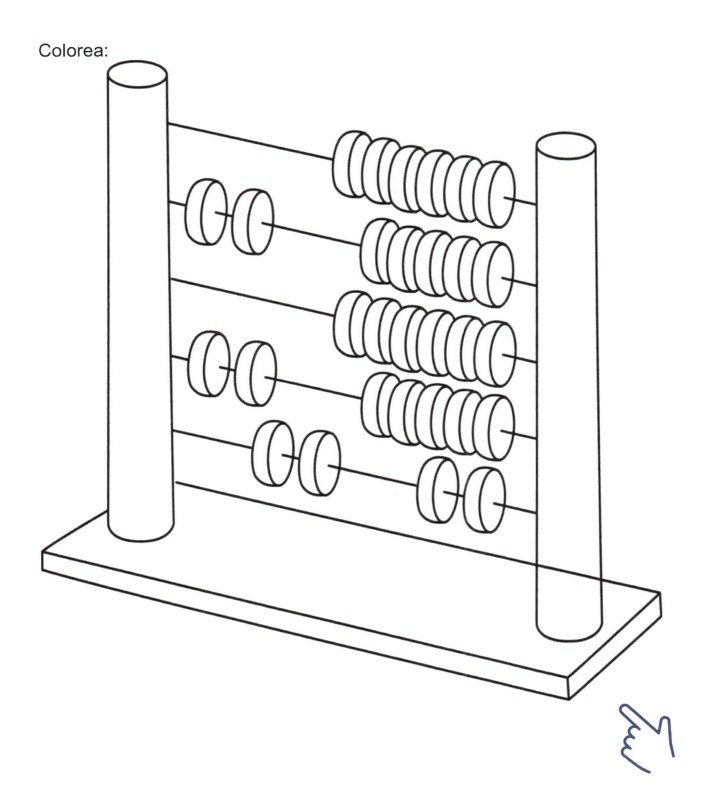

Recuerda: El ábaco, fue uno de los primeros inventos utilizados por el hombre para poder hacer cálculos matemáticos básicos matemáticos, como: sumas, restas, multiplicaciones y divisiones.

Sigamos aprendiendo

¿Cuándo se utilizó por primera vez la palabra «ordenador»

La palabra "ordenador" se registró por primera vez en 1613. Y originalmente se usó para describir a un humano que realizó cálculos. La definición del ordenador permaneció igual hasta el final del siglo XIX, cuando la revolución industrial dio lugar a las máquinas cuyo propósito principal era el cálculo.

El primer ordenador mecánico o concepto de motor de computación automático

En 1822, **Charles Babbage conceptualizó y comenzó a desarrollar el motor de diferencia.** Fue considerada la primera máquina de computación automática capaz de calcular varios conjuntos de números y hacer copias impresas de los resultados. Babbage recibió ayuda de Ada Lovelace para el

desarrollo del motor de diferencias, considerado por muchos como el primer programador de ordenadores para su trabajo y notas sobre el motor de diferencias.

El Z1 fue creado por el alemán Konrad Zuse. Lo realizó en el salón de casa de sus padres, entre 1936 y 1938. Se considera que es el primer ordenador binario programable electromecánico. Y también el primer computador moderno realmente funcional. Su nombre era Z1.

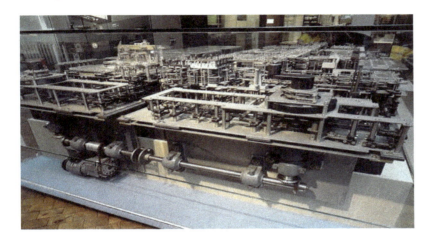

Colossus Mark 2The Colossus fue el primer ordenador eléctrico programable. Desarrollada por Tommy Flowers. Se mostró por primera vez en diciembre de 1943. The Colossus se creó para ayudar a los descifradores de códigos británicos a leer mensajes encriptados en alemán.

El ABC era un ordenador eléctrico que usaba más de 300 tubos de vacío para computación digital, incluyendo matemática binaria y lógica booleana, y no tenía CPU (no era programable).

La ENIAC fue inventada por J. Presper Eckert y John Mauchly en la Universidad de Pensilvania y comenzó la construcción en 1943. Aunque no se completó hasta 1946.

Ocupaba alrededor de 548 metros cuadrados y utilizaba alrededor de 18,000 tubos de vacío. Con un peso de casi 50 toneladas. Aunque el juez dictaminó que el ordenador ABC era el primer ordenador digital, muchos todavía consideran la ENIAC como el primero porque era completamente funcional.

El primer ordenador británico conocido como EDSAC se considera el primer ordenador electrónico con software almacenado. El ordenador realizó su primer cálculo el 6 de mayo de 1949 y fue el ordenador que ejecutó el primer juego gráfico de ordenador, apodado «Bebé».

En 1975, Ed Roberts acuñó el término "ordenador personal" cuando presentó el Altair 8800. Aunque el primer ordenador personal es considerado por muchos como KENBAK-1. Que se presentó por primera vez por $ 750 en 1971. El ordenador se basó en una serie de interruptores para ingresar datos y datos de salida encendiendo y apagando una serie de luces.

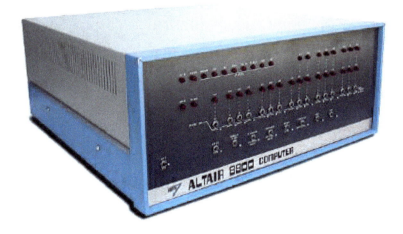

IBM 5100 – es el primer ordenador portátil y se lanzó en septiembre de 1975. El ordenador pesaba 25 kg, tenía una pantalla CRT de cinco pulgadas, unidad de cinta, procesador PALM de 1,9 MHz y 64 KB de RAM. En la imagen hay un anuncio del IBM 5100 tomado de una edición de noviembre de 1975 de Scientific America.

La Apple I (Apple 1) fue el primer ordenador de Apple que se vendió originalmente por $ 666.66. El kit de ordenador fue desarrollado por Steve Wozniak en 1976.

Contenía un procesador 6502 de 8 bits y 4 kb de memoria, que se podía expandir a 8 o 48 kb usando tarjetas de expansión. Aunque el Apple I tenía una placa de circuito totalmente ensamblada, el kit aún requería una fuente de alimentación, una pantalla, un teclado y una carcasa para poder funcionar.

Actividad de aprendizaje:

Dibuja la computadora que tú la conoces:

TIPOS DE COMPUTADORAS

En la unidad anterior pudimos observar diferentes tipos de computadoras que se han ido transformando desde su formación y que han podido convertir a la computadora en lo que actualmente conocemos.

Pero hay que tener en cuenta lo siguiente: una computadora es un dispositivo capaz de recibir, procesar y almacenar datos a través de la ejecución de operaciones matemáticas y lógicas. El resultado de ese proceso es información útil para el usuario: gráficos, textos, audio, video, juegos, etc. (Diferenciador, 2024)

Por lo que existen diferentes tipos de computadoras según su tamaño: supercomputadoras, macrocomputadoras, minicomputadoras y microcomputadoras. Y según el tipo de tecnología que utilicen pueden ser analógicas, digitales, híbridas o cuánticas.

Es por ello que en esta unidad veremos las diferentes clasificaciones o tipos de computadora que existen actualmente, empezaremos clasificando por Tamaño;

Supercomputadora:

También llamadas computadoras de alto rendimiento, son un grupo de computadores organizados en red que funcionan en simultáneo, por lo que trabajan como si fueran un solo equipo.

Las supercomputadoras se utilizan para hacer complejos cálculos industriales o científicos. Se utilizan en centros de investigación, organismos militares, gobiernos o grandes empresas.

Minicomputadoras o workstation

Las minicomputadoras o workstation (estación de trabajo) son equipos especializados de alto rendimiento, menos potentes que una supercomputadora, pero con más capacidad de trabajo que una computadora personal.

Esta capacidad de memoria, procesamiento de datos y gráficos superiores a un equipo doméstico las hace óptimas para trabajos relacionados con ingeniería, diseño gráfico, programación o ciencias.

Las workstation se utilizan también como servidores, especialmente en pequeñas empresas que no pueden costear una macrocomputadora. Esto significa que el equipo puede ejecutar diversos servicios que requieran un procesamiento intensivo de datos, como una tienda en línea que genere múltiples transacciones diarias.

Microcomputadoras

Las microcomputadoras se caracterizan por ser pequeñas, portátiles y económicas, por lo que actualmente abundan en el mercado comercial y se pueden encontrar en los hogares, oficinas y negocios.

Se denomina microcomputadora a todo dispositivo electrónico pequeño fijo o portátil que permita realizar funciones de calculo semejantes, por lo que podemos definir como microcomputadora a todo aparato que use microchips para su funcionamiento siendo en este caso desde un celular, Tablet, un videojuego, gafas de realidad aumentada hasta una computadora personal donde se realizan tareas determinadas de cálculo y procesamiento lógico.

Este tipo de computadora puede tener un uso doméstico o empresarial. En este último caso, son eficientes para la ejecución de tareas administrativas básicas, no para el procesamiento masivo de datos.

Otra clasificación que podemos dar a las computadoras es su tipo de tecnología y de esta forma tenemos;

Computadoras analógicas:

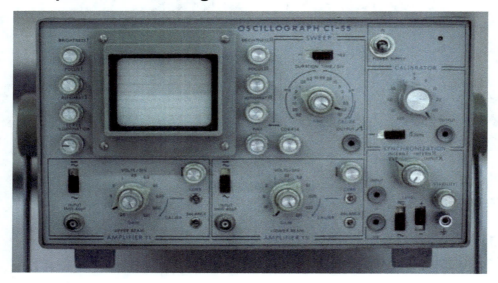

Son aquellas que están basadas en circuitos de tipo electrónico o mecánico y miden una magnitud física expresada en números, como peso, temperatura, presión, velocidad o voltaje.

A diferencia de las computadoras digitales actuales, las computadoras analógicas no requieren de una memoria de almacenamiento, ya que procesan los datos en una sola operación y no se guardan en el dispositivo.

Muchas computadoras analógicas se han reemplazado por tecnología digital, aunque hay industrias que las siguen utilizando. Un ejemplo son las empresas petroleras, en donde se requiere un monitoreo y comparación constante de datos como la temperatura.

Algunos ejemplos de computadoras analógicas son las computadoras de los submarinos, los predictores de mareas, el termostato o la regla de cálculo.

Computadoras digitales

Son un tipo de computadora compuesta por varias unidades con tareas diferenciadas para recibir, procesar y entregar los datos que han sido introducidos previamente por el usuario. Estos datos se almacenan en unidades fundamentales de información, llamadas bits, compuestas por un dígito binario (cero o uno).

Las computadoras digitales requieren ser programadas antes de ser utilizadas y necesitan tener instalado un software de acuerdo al problema que se requiera resolver. Por ejemplo, si es un dispositivo para procesar transacciones bancarias, requiere un programa o conjunto de programas específicos para ese tipo de operaciones.

Este tipo de equipos además tienen una capacidad de almacenamiento para guardar todos los datos procesados y permiten la conexión a internet.

Algunos ejemplos de computadoras digitales son las estaciones de trabajo, las computadoras portátiles o las macrocomputadoras.

Computadoras híbridas

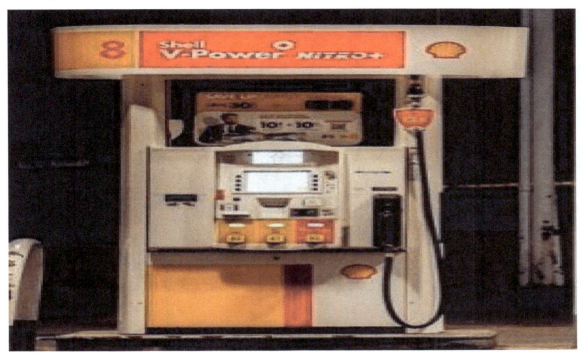

Como indica su nombre, se trata de computadoras que combinan tecnología analógica y digital. Este tipo de dispositivos toma los valores analógicos y los "traduce" en valores digitalizados.

La ventaja de este tipo de equipos es que combinan las mejores características de cada tipo de tecnología. Las computadoras analógicas pueden ser rápidas, pero no son precisas. En cambio, la tecnología digital aporta mayor exactitud en los cálculos.

Un ejemplo de computadora híbrida son los surtidores de gasolina, que además de medir la cantidad de combustible convierten esa medida en un precio de venta.

Computadoras cuánticas

Al igual que las computadoras digitales, utilizan código binario para el procesamiento de datos. En este caso, la unidad fundamental de información no es un bit (que solo permite ceros o unos), sino un cúbit, una unidad que puede tener los dos estados binarios al mismo tiempo.

Esto representa un nuevo paradigma en el ámbito de la computación, ya que es posible crear nuevos algoritmos que una computadora digital no puede generar. Esto se traduce en nuevas soluciones y aplicaciones que van desde las investigaciones médicas hasta la comprensión del universo en escalas que hasta ahora no había sido posible estudiar.

Un ejemplo de este tipo de tecnología es el IBM Q System One, el primer computador cuántico de uso comercial, diseñado para aplicaciones de negocios e investigación científica.

ACTIVIDAD DE APRENDIZAJE

Escribe como se clasifican las computadoras, según su tamaño:

_____
_____
_____
_____

Escribe como se clasifican las computadoras según su tecnología:

_____
_____

Escribe las características de una microcomputadora:

_____
_____

Responde ¿Qué es una computadora digital?

_____
_____

Responde ¿Qué es una computadora Hibrida?

_____
_____

COMPONENTES DE LA COMPUTADORA

Una computadora se compone básicamente de partes o elementos que se interconectan entres sí para poder permitir su funcionamiento.

Podemos asumir que una computadora se compone de partes como; La pantalla, el teclado, el mouse, el CPU, etc. Pero dentro de cada uno de estos elementos también hay otras piezas importantes, por lo que mejor diremos que la computadora tiene dos componentes importantes, así, por ejemplo:

Componentes externos:

Los componentes externos de una computadora son los que están **en contacto directo con el usuario** y, por lo tanto, mantienen una entrada y salida constante de información que permite su uso. Los componentes externos esenciales son los siguientes:

Monitor

También llamado pantalla, es un componente esencial; pues de alguna manera **es la ventana del usuario para ejecutar y observar las actividades necesarias**. Este es un dispositivo de salida, pues es el que permite al usuario ver todos los procesos del equipo.

CPU

En este cajón, **se integran todos los componentes internos del equipo y a su vez se conectan las partes externas del mismo**, Este componente viene a representar la estructura base del computador; lo que lo mantiene a todo unido y en funcionamiento.

Teclado

Este es un componente de entrada de información. A través de este periférico el usuario podrá ingresar órdenes y datos en la computadora. En este componente, **se encuentran diversidad de comandos**, que van desde los más básicos como lo son las letras, hasta los más complejos como lo son las funciones. Mediante el teclado es posible escribir, también aplicar comandos y acceder a funciones del equipo.

Mouse

Este es otro componente externo de entrada de información que funciona como un periférico del computador. La función del mouse o ratón es primordial en **el control de las actividades que se pueden realizar en el computador**. Este dispositivo es el apuntador que permite al usuario dirigirse a cualquier área en la interfaz y seleccionar programas, espacios, funciones y mucho más.

Bocinas

También llamados altavoces, altoparlantes, parlantes. Son componentes periféricos mediante los cuales **se reproducen los sonidos de la computadora**: errores, música, audios y más. No constituyen un elemento esencial para el funcionamiento del equipo, pero es bastante útil. Este dispositivo convierte las ondas eléctricas e información electrónica en ondas acústicas.

Cámara Web

Este es un dispositivo de **entrada de información**, pues capta imágenes de manera directa hacia la computadora, en forma de video o fotografía según el comando del usuario. Este periférico no es esencial para el funcionamiento del computador; sin embargo, es útil para la realización de ciertas actividades, como por ejemplo reuniones virtuales o videollamadas.

Micrófono

Es un componente de **entrada de información hacia el computador, concretamente de audio.** No es un dispositivo esencial para el funcionamiento del computador, pero es de utilidad para llevar a cabo ciertas actividades: llamadas, grabaciones de sonidos, entre otras.

Hasta aquí hemos visto componentes externos, físicos de la computadora, los cuales, sin duda, son muy importantes, pero también hay otros componentes internos que son igual de importantes, así, por ejemplo:

Componentes internos:

Procesador

El procesador **es un circuito electrónico que actúa como el cerebro lógico y aritmético de la computadora**, ya que es allí donde se llevan a cabo los miles de millones de cálculos por segundo que sostienen el **software** entero.

Placa Base

También conocida como la tarjeta madre, **es la tarjeta principal del CPU**, en donde se encuentra el procesador, las ranuras para la memoria RAM, los módulos de ROM y en donde se insertan directamente las demás tarjetas del sistema.

Fuente de poder

El corazón del sistema, que **suministra energía eléctrica a la Placa base y a todos los demás componentes del CPU**, de modo que puedan operar cuando se los necesite y que puedan mantener ciertos sistemas básicos e indispensables andando cuando el computador se encuentre apagado.

Memoria RAM

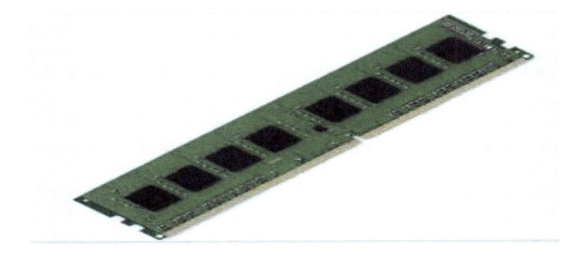

Su nombre proviene de las siglas de *Random Access Memory* o Memoria de Acceso Aleatorio. **Son una serie de módulos conectados a la Placa base**, adónde van los programas a ejecutarse, tanto los activados por el sistema como los activados por el usuario. Sin embargo, **todo lo que se encuentre en la memoria RAM se borrará cuando el sistema se apague** o se reinicie.

Disco duro

se trata del **lugar donde se almacena la** información **permanente del sistema informático**, o sea, todo el software contenido en él, desde el **Sistema Operativo** mismo, hasta los programas o aplicaciones que instalemos sus usuarios.

Al ser una **unidad de lectoescritura**, es posible introducir y extraer datos de ella, o lo que es lo mismo, grabar, leer y borrar información.

Cables de datos

Los cables de datos **sirven para la transmisión de información entre los componentes del CPU**, del mismo modo como lo hacen nuestras venas y arterias. Existen distintos tipos de cables, suelen ser de colores variados y tener terminales específicos.

Tarjeta de video

La Tarjeta de video o Placa de video es una tarjeta secundaria, conectada a la Placa base, que **se especializa en el procesamiento de la información referente al video**, o sea, a la emisión de imágenes y movimiento en monitores, proyectores, etc.

Dependiendo de sus capacidades, por lo tanto, podremos tener mayor calidad de imagen y más rápidas animaciones, o incluso efectos tridimensionales o resoluciones HD.

Tarjeta de sonido

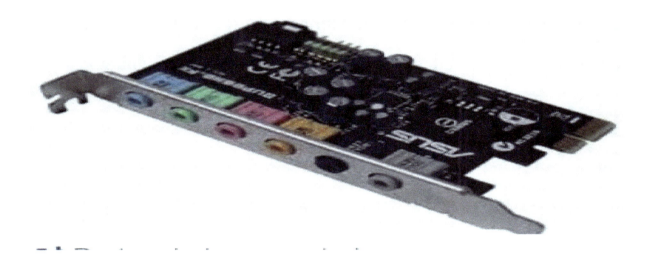

Similar a la Placa de video, la Placa de sonido va integrada a la Placa base, pero **sus labores se especializan en el procesamiento de las señales de audio**, o sea, en la calidad, velocidad y nitidez de las emisiones sonoras y musicales que el sistema sea capaz de emitir, lo cual es clave a la hora de ver películas, jugar juegos, etc.

Tarjeta de red

Es un administrador de las conexiones informáticas que el sistema puede establecer con redes o directamente con otros computadores.

Estas tarjetas suelen incorporar puertos de conexión para cables telefónicos o de **fibra óptica**, y también adaptadores de **WiFi** o redes inalámbricas, que pueden ser gestionados por el usuario empleando el software apropiado.

Ventilador

Debido al elevado tráfico de corriente y de información dentro del sistema, el CPU es un lugar muy caluroso, por lo que siempre es necesario un disipador de calor, en forma de ventilador.

Este artefacto **extrae el aire caliente y permite que las temperaturas internas disminuyan**, ya que un sobrecalentamiento detendría el sistema y podría incluso dañar permanentemente algunos de sus delicados componentes.

Como hemos aprendido los componentes físicos son muchos y variados, tanto los componentes básicos como los internos forman lo que conocemos como el HARDWARE, que son todos los componentes físicos de la computadora. y desde luego muy importantes para el funcionamiento, pero hay otro componente esencial del cual hablaremos a continuación:

El Software

Al hablar de software, en cambio, nos referimos al contenido virtual del sistema: los programas, aplicaciones, instrucciones y **protocolos** de comunicación que **sirven de interfaz con el usuario y controlan el modo en que opera el sistema**, y le brindan un sentido. Se trata de la "mente" del sistema, o de forma mas simple software es la parte que no podemos tocar.

El Software permite el funcionamiento de las partes internas y cumple las peticiones del usuario.

Dicho software puede clasificarse, también, de acuerdo a su función en el sistema:

- **Sistema operativo (o software de Sistema)**. Se ocupan de regular el modo en que opera el sistema y garantizar su continuidad, sirviendo de base para otros programas o aplicaciones, y permitiendo la interfaz con el usuario. Por lo general están incorporados al sistema de fábrica.

- **Software de aplicación**. Se llama así a todos los programas adicionales que se incorporan al computador, dotado ya de un **sistema operativo**, con el propósito de llevar a cabo un sinfín de tareas posibles: desde procesadores de texto, **hojas de cálculo, navegadores de internet**, aplicaciones de diseño o videojuegos.

La sumatoria de hardware y software completan la totalidad de un sistema informático cualquiera.

Actividad de aprendizaje

Une con una línea a que parte interna o externa de la computadora pertenecen las piezas de hardware que se muestran.

INTERNA

EXTERNA

EXPLICA CON TUS PALABRAS LO QUE ENTIENDES POR
HARDWARE

SOFTWARE

FUNCIONES DE LA COMPUTADORA

Bienvenido nuevamente a nuestra cuarta unidad, estoy seguro que has aprendido muchísimo. No sabes cuanto me alegra.

Felicidades sigue así...

En esta unidad aprenderemos:

Las Funciones del Computador

Las computadoras usan el *hardware* para ejecutar cuatro funciones básicas:

1. **Entrada**

2. **Procesamiento**

3. **Almacenamiento**

4. **Salida**

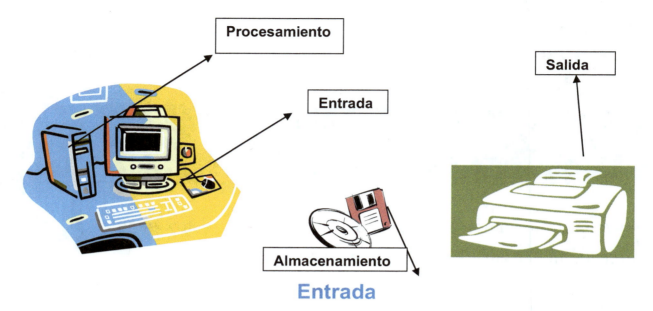

Entrada

La información que usted *ingresa* a la computadora se llama **entrada**. Los equipos que usan para ingresar información a la computadora se llaman **dispositivos de entrada.** Por ejemplo, el teclado y el ratón son dispositivos de entrada.

Procesamiento

Cuando le da instrucciones a la computadora, ésta las ejecuta mediante el procesamiento de datos. La CPU (o procesador) es la parte que **procesa** las instrucciones, hace los cálculos y maneja el flujo de información en la computadora.

Almacenamiento

La computadora puede usar dispositivos de almacenamiento para **almacenar** (o guardar) la información. Estos dispositivos incluyen las unidades de disco duro, los CD (discos compactos) , disquetes, Pendrive o memoria USB, micro SD, Discos externos…

Salida

La información que la computadora le muestra a usted, se llama la **salida. Los dispositivos de salida** son las partes que muestran esa información. Por ejemplo, el monitor, la impresora y los parlantes son dispositivos de salida.

¿Cómo funciona una computadora?

Para su funcionamiento, la computadora requiere de programas informáticos (software) que aportan datos específicos, necesarios para el procesamiento de información. Una vez obtenida la información deseada, ésta puede ser utilizada internamente o transferida a otra computadora o componente electrónico.

A grandes rasgos una computadora se encuentra compuesta por el monitor, el teclado, el mouse, la torre (donde se encuentra el disco duro y los demás componentes del hardware) y la impresora, y cada uno cumple una función particular. Por otro lado, este aparato se encuentra preparado para realizar dos funciones principalmente: responder a un sistema particular de comandos de una forma rápida y ejecutar programas, los cuales consisten en una serie de instrucciones grabadas con antelación.

El software y el hardware

El software de una computadora es uno de los elementos fundamentales para su funcionamiento, su sistema operativo, que consiste en una gran plataforma donde pueden ejecutarse los programas, aplicaciones o herramientas que sirven para realizar diferentes tareas.

El hardware por su parte, se encuentra formado por la memoria (permite almacenar datos y programas), **dispositivos de entrada** (para introducir los datos en el ordenador, ejemplo: mouse y teclado), dispositivos de salida (para visualizar los datos, ejemplo: pantalla o impresora) y CPU (cerebro del ordenador donde se ejecutan las instrucciones. CPU, es la sigla o abreviación en inglés de Unidad Central de Proceso.

ACTIVIDAD DE APRENDIZAJE:

Une con una línea a que tipo de función pertenece cada imagen:

Procesamiento

Almacenamiento

Entrada

Salida

Excelente …sigamos aprendiendo.

USOS DE LA COMPUTADORA

Si pregunto **¿para que se usa la computadora?** estoy seguro que responderías rápidamente esta pregunta.

Y es que claro, las computadoras hoy en día, son herramientas indispensables que se utilizan para muchas actividades, como, por ejemplo:

- ➢ **Ver videos**

- ➢ **Comunicarse**

- ➢ **Escribir libros**

- ➢ **Crear documentos**

- ➢ **Buscar información**

- ➢ **Etc.**

Así es, sirve para muchísimas actividades y, es que la computadora es muy útil para muchas situaciones.:

La computadora y su uso en el hogar.

En el hogar, la computadora es un aparato que permite muchas funciones, desde el entretenimiento, la búsqueda de información para nuestras tareas educativas, la conexión con familiares que se encuentran distantes y la herramienta de trabajo con la que los padres obtienen sus ingresos económicos.

La computadora en la educación.

La computadora es un medio que fortalece el proceso enseñanza-aprendizaje se utilizan programas de aplicaciones por mencionar: procesadores de palabras para crear documentos, hojas electrónicas, registro de notas, estadísticas.

Los maestros pueden hacer mas entretenidas las clases con recursos audiovisuales, así mismo pueden obtener información para enriquecer sus clases.

Tanto en el hogar como en el Colegio, los computadores proveen miles de posibilidades para mejorar el aprendizaje de niños y jóvenes, solucionar sus problemas de escolaridad y ofrecerles nuevas posibilidades y alternativas de mejorar intelectualmente.

En la escuela la computadora ayuda a:

1. Ofrece facilidades para aprender matemáticas.

Se contextualizan los procesos tradicionales de las matemáticas. los procesos se hacen accesibles a los alumnos, puede interactuar con ellos y reciben ayuda de la máquina para resolver diferentes problemas.

2. Concretiza lo abstracto

Conceptos formales como la retroalimentación, las variables y la causalidad se vuelven concretas a través de su utilización práctica.

3. Ofrece nuevas opciones para la expresión creativa.

El computador hace posible el acceso a formas de arte visual y composición musical para niños y jóvenes de todas las edades y provee un medio para la exploración de nuevas formas de arte como la animación.

4. La ciencia de la informática constituye una ciencia de autoaprendizaje.

La informática juega un papel revolucionario en nuestra sociedad y en todas las demás ciencias.

Se debe estudiar al tiempo como se hace con la biología, la física, la química, medicina etc.

Computadora en el trabajo:

Las personas que utilizan la computadora en sus áreas de trabajo, tienen la facilidad de poder crear informes, hacer entrevistas, crear contenido o programas, trabajar con bases de datos, ordenar pedidos u entregas, hacer cobros, asesorar a otras personas o atenderlas mediante videoconferencias.

Es posible que papá o mamá, o alguien de nuestra familia utilice la computadora en su trabajo para realizar sus actividades diarias.

La computadora y sus usos avanzados:

Los científicos usan la computadora para analizar el sistema solar, seguir los patrones del tiempo y llevar a cabo experimentos.

La computadora permite el desarrollo y diseño de nuevas máquinas o productos químicos.

Permite la creación de aplicaciones de uso social y de inteligencia artificial.

La computadora mediante programas especiales permite detectar y predecir fenómenos atmosféricos como huracanes, ciclones, y lluvias.

Como vemos la computadora es una herramienta muy importante para el desarrollo y evolución del ser humano.

Utilidad de las computadoras

Los computadores son herramientas versátiles que se utilizan en una amplia variedad de contextos y para diversas aplicaciones.

Aquí tiene una lista de usos comunes de las computadoras:

1. **Navegación por internet:** Acceder a la web para buscar información, leer noticias, participar en redes sociales y realizar compras en línea.

2. **Procesamiento de texto:** Crear, editar y formatear documentos de texto mediante programas como Microsoft Word o Google Docs.

3. **Hoja de cálculo:** Realizar cálculos, análisis de datos y crear gráficos mediante programas como Microsoft Excel o Google Sheets.

4. Correo electrónico: Enviar, recibir y gestionar correos electrónicos para la comunicación personal y profesional.

5. Diseño gráfico: Crear gráficos, ilustraciones y diseños utilizando herramientas como Adobe Photoshop, Illustrator o aplicaciones similares.

6. Programación y desarrollo de software: Escribir, depurar y ejecutar código para crear aplicaciones, sitios web y software en general.

7. Juegos: Jugar videojuegos para entretenimiento y recreación.

8. Multimedia: Crear y editar contenido multimedia, incluyendo música, fotos y videos.

9. Educación en línea: Participar en cursos en línea, acceder a recursos educativos y realizar investigaciones académicas.

10. Trabajo remoto: Realizar tareas laborales desde casa o cualquier ubicación utilizando aplicaciones de colaboración y herramientas de teletrabajo.

11. Contabilidad y finanzas: Llevar a cabo tareas contables, realizar presupuestos y gestionar transacciones financieras.

12. Diseño 3D y modelado: Crear modelos tridimensionales para arquitectura, diseño industrial o animaciones.

13. Edición de video: Editar y producir videos utilizando programas como Adobe Premiere, Final Cut Pro o herramientas similares.

14. Gestión de proyectos: Utilizar software de gestión de proyectos para planificar, seguir y evaluar el progreso de tareas y proyectos.

15. Simulaciones científicas: Realizar simulaciones y análisis de datos en campos como la investigación científica y la ingeniería.

16. Bases de datos: Almacenar, organizar y gestionar datos mediante sistemas de gestión de bases de datos.

17. Diseño de presentaciones: Crear presentaciones visuales efectivas utilizando programas como Microsoft PowerPoint o Google Slides.

18. Seguridad informática: Implementar medidas de seguridad y protección contra amenazas cibernéticas.

19. Telecomunicaciones: Participar en llamadas de voz y videoconferencias en línea y colaboración en tiempo real.

20. Diseño asistido por computadora (CAD): Utilizar programas de CAD para el diseño de productos, arquitectura y planificación urbana.

Como hemos leído los usos de la computadora son amplios y variados, no te preocupes si leíste alguna palabra que no entiendes aun, talvez se trata de un programa que no has utilizado, pero que estoy seguro más adelante lo explicaremos, mientras seguimos recorriendo este maravilloso mundo de aprendizaje sobre **INFORMÁTICA PARA TODOS.**

ACTIVIDAD DE APRENDIZAJE:

Escribe tu propio concepto de que es una computadora:

_____

_____

_____

Escribe 5 cosas que podemos hacer con la computadora:

1_____

2_____

3_____

4_____

5_____

Escribe 3 programas o aplicaciones que conozcas:

1_____

2_____

3_____

4_____

5_____

Dibuja, como crees que sería la computadora en el futuro.

Bibliografía

actualidadtecnologica. (s.f.). *actualidadtecnologica.com.* Recuperado el 04 de 06 de 2024, de https://actualidadtecnologica.com/partes-externas-de-una-computadora/

anonimo. (05 de 09 de 2024). *www.studocu.com.* Obtenido de https://www.studocu.com/latam/document/universidad-pedagogica-nacional-francisco-morazan/fundamentos-para-la-educacion-basica/la-importancia-del-computador-en-la-educacion/66816011

Cerritos, A. (2002). *d1wqtxts1xzle7.cloudfront.net.* Recuperado el 05 de 04 de 2024, de https://d1wqtxts1xzle7.cloudfront.net/81244717/un024f-libre.pdf?1645551175=&response-content-disposition=inline%3B+filename%3DLos_hacedores_de_la_historia_las_computa.pdf&Expires=1712370956&Signature=H517gTsvopdRSW7D9C~yQ87NtcgcQkbb5lJX2ZvpLEZy-XRvO-9gBty

concepto. (s.f.). *concepto.de.* Recuperado el 04 de 06 de 2024, de https://concepto.de/componentes-de-una-computadora/

Concepto. (s.f.). *https://concepto.de/hardware-y-software/.* Recuperado el 04 de 06 de 2024, de https://concepto.de/hardware-y-software/

Diferenciador. (22 de 05 de 2024). *www.diferenciador.com.* Obtenido de https://www.diferenciador.com/tipos-de-computadoras/

Julián Pérez Porto y Ana Gardey. Actualizado el 14 de abril de 2021. *Computadora - Qué es, cómo funciona, importancia y tipos.* Disponible en https://definicion.de/computadora/